Schirner Verlag

Große Erfinder berichteten, dass sie ihre Entdeckung im Traum gemacht haben, berühmte Maler und Komponisten befinden sich in der kreativsten Schaffensphase in einem traumartigen Zustand, und Schamanen aller Kulturen heilen in Trance. Was ist dran an diesen Bewusstseinszuständen? Wie können wir diese Phasen des veränderten Bewusstseins für unseren Alltag nutzen?

Dieses kleine Büchlein zeigt einfache Wege in den Alpha-Zustand, der als Ausgangspunkt für jeden Kontakt zum Unbewussten gilt. Jeder Mensch ist in der Lage, diesen Zustand ohne Hilfsmittel bewusst herbeizuführen. Lernen Sie hier wie!

Oliver Driver, Jahrgang 1963, studierte Bauingenieurwesen in Aachen und lebt heute mit seiner Familie bei Köln. Er ist Inhaber eines Coaching-Instituts, Ausbilder und Trainer für Führungskräfte sowie Autor mehrerer erfolgreicher Bücher im Schirner Verlag: *Die Reise meines Lebens – Begegnungen mit dem Schamanen*, *Selbstheilungspraxis – Der schamanische Weg* und *Visionssuche mit dem Medizinrad – Eine moderne schamanische Astrologie*.

Besuchen Sie Oliver Driver auf seiner Webseite:
www.shamanic-coach.de

Oliver Driver

– Alpha –

Die kreative Welle

Schirner Verlag

ISBN 978-3-8434-5026-3

Oliver Driver:
Alpha
Die kreative Welle

Umschlag: Murat Karaçay, Schirner
Redaktion & Satz:
Barbara Rave, Schirner
Printed by: FINIDR, Czech Republic

www.schirner.com

1. Auflage 2011

Inhalt

Jeder Mensch ist ein einmaliger Mensch
und tatsächlich, für sich gesehen,
das größte Kunstwerk aller Zeiten.

Thomas Bernhard

Kreativität

kommt aus der Stille

Kreativität kommt aus der Stille

Erinnern Sie sich noch daran, wie Sie als Kind gespielt haben? Haben Sie Kinder schon einmal beim Spielen beobachtet? Wie sie völlig in sich versunken mit ihrer Puppe reden, einen Turm aus Klötzchen bauen oder einfach nur in einem Bilderbuch blättern? Sie haben in diesem Moment keinen Sinn für Vater, Mutter oder irgendetwas, was um sie herum geschieht. Sie sind eins mit dem Spiel. Dann, ganz plötzlich, fliegt die Puppe in die Ecke, der Turm wird umgeworfen, das Buch bleibt liegen, und sie machen etwas anderes, unterhalten sich mit einem unsichtbaren Freund so, als ob da wirklich jemand wäre. Und auch in dieses Spiel tauchen sie wieder ganz ein. Beneidenswert, nicht wahr?

Vielleicht erinnern Sie sich aber auch an eigene Phasen der Inspiration. An Zeiten, als Sie noch nicht all diese störenden Gedanken hatten, als Ihnen alles einfach leicht und locker von der Hand ging? Sie brauchten wenig Schlaf, Sie konnten lange und intensiv arbeiten, und Mahlzeiten wurden schon mal völlig vergessen. Und warum? Weil Sie einfach im Fluss waren, weil Kreativität und Inspiration nur so aus Ihnen heraussprudelten und manifestiert werden wollten, weil Sie kaum an ein fernes Ziel dachten, sondern die Arbeit zum Selbstzweck wurde und nahezu meditativen Charakter annahm.

Wann waren Sie im Fluss? War es, als Sie noch Zeit hatten, ein Instrument zu spielen? Oder als Sie noch regelmäßig Sport gemacht haben? Oder war es auf der Arbeit, kurz nach der Ausbildung, als Sie hoch motiviert und neugierig waren? Haben Sie einmal Gedichte oder ein Buch geschrieben?

Wie wäre es, wenn wir die Zeit ein wenig zurückdrehen und Sie diese Talente für Ihren Alltag wiederentdecken könnten? Kreativität ist kein Talent der Jungend, sie steckt in uns allen, wenn wir ihr Raum geben. Kreativität kommt nicht aus dem Verstand und sie findet Wege, mit denen wir nie gerechnet hätten.

Dieses kleine Buch zeigt einfache Möglichkeiten auf, einen Zustand zu erreichen, der als Ausgangspunkt für jeden Kontakt zum Schöpferischen, zum Göttlichen, zum Höheren Selbst gilt: den Alpha-Zustand. Alpha ist das Tor zu Kreativität, Problemlösung und Heilung. All dies geschieht in der Stille.

> Nur derjenige, der Zugang zur Stille findet,
> kann kreativ sein.

Solange die Gedanken unseren Kopf durchtoben, solange wir uns allein vom Verstand leiten lassen, werden wir uns immer anstrengen müssen und nichts kommt von allein. Erst das Loslassen, das einfache Sein in der gedankenlosen Stille, öffnet das Tor zur Kreativität.

Jeder Mensch ist in der Lage, diesen Zustand ohne jedes Hilfsmittel herbeizuführen. Außer Ihrer bewussten Intention gehört gar nicht so viel dazu. Lernen Sie, was Alpha ist, wie Sie den Alpha-Zustand zuverlässig im Alltag erzeugen und was Sie damit erreichen können.

Wann haben Sie Ihre besten Ideen? Im Büro? Am Schreibtisch, während Sie auf die Tastatur Ihres Computers hacken? Oder eher danach, wenn Sie sich entspannen und der Verstand Pause macht?

Als die *Wirtschaftswoche* 2002 Vorstandsvorsitzende danach fragte, wann sie die besten Ideen hätten, lauteten die Antworten: »beim Segeln«, »beim Joggen«, »unter der Dusche« oder »beim Golf spielen«.

Große Erfinder berichteten, dass sie ihre Entdeckung im Traum gemacht haben, berühmte Maler und Komponisten befinden sich während ihrer kreativsten Schaffensphase in einem traumähnlichen Zustand, und Schamanen aller Kulturen heilen in Trance.

Der Naturwissenschaftler August Kekulé saß 1865 im Halbschlaf in seinem einsamen Junggesellenzimmer und sah plötzlich tanzende Atome vor seinen Augen. Sie reihten sich zu einer Schlange auf, die sich selbst in den Schwanz biss, sodass der Kreis sich zu einem Ring von Atomen schloss. Kekulé sah damals die Grundstruktur des Benzolmoleküls in der Gestalt der Ouroboros-Schlange, einem uralten alchimistischen Symbol. Im Traum machte er eine der wichtigsten Entdeckungen der Menschheit.

Der Amerikaner Thomas Alva Edison, Erfinder verschiedenster elektrischer Geräte, hatte die Vision der Glühbirne im Halbschlaf auf seiner Terrasse.

Für den Nobelpreisträger Gerd Binnig ist Absichtslosigkeit der Schlüssel zu ungewöhnlichen Ideen. Er ist Spezialist für Kreativität. Evolution war für ihn nur möglich durch Kreativität, die vom Herzen kommt, nicht vom Verstand. Seine grundlegende Idee zum Rastertunnelmikroskop – die ihm später den Nobelpreis einbringen sollte – kam ihm im Urlaub, als er auf dem Bett lag und an die Decke starrte. Dabei war dies nicht einmal sein Fachgebiet!

Archimedes lag in der Badewanne, als er das Archimedische Prinzip entdeckte. »Heureka!«, soll er danach gerufen haben. Seitdem wird der Ausruf »Heureka!« bei Geistesblitzen verwendet, die zur Bewältigung schwieriger Aufgaben führen.

Albert Einstein träumte schon als Kind davon, auf einem Lichtstrahl durch das Universum zu fliegen, und im Erwachsenenalter hatte er im Traum Ideen für seine Relativitätstheorie, die er später, als er wieder wach war, auf ihre Tauglichkeit überprüfte.

Träume spielten in der Schöpfung schon immer eine wesentliche Rolle, in vielen Kulturen ist die Erschaffung der Welt mit Träumen verbunden. Die besten, kreativen Ideen werden oft nicht erdacht, sondern erträumt. Probleme nur mit dem Verstand lösen zu wollen, verhüllt den Blick auf alles Kreative. Wer sich im Träumen übt, hat mehr von seinem Gehirn. Übrigens denken wir im Schlaf nicht weniger als im Wachzustand. Aber ganz anders. So ist im Halbschlaf auch Kekulé ein Gedankenschritt gelungen, an dem er und seine Kollegen im Wachzustand jahrelang gescheitert waren. Nur wie? Warum scheinen unsere Träume so viel mehr zu wissen als wir selbst?

Seit die Menschen träumen, wundern sie sich darüber. Auf einigen der frühesten Höhlenmalereien – die mehr als 40.000 Jahre alt sind – bildeten unsere Ahnen sich mit Geweihen und Vogelköpfen ab, die so unwirklich aussehen, dass Archäologen sie für Traumdarstellungen halten. Gilgamesch, der Held des ältesten überlieferten Epos, ließ sich auf seinen Abenteuerreisen durchs Zweistromland von Traumvisionen leiten. Seither ist der menschliche Forschergeist tief in die Geheimnisse des Kosmos vorgedrungen. Aber unsere Träume bleiben nach wie vor ein Rätsel.

Tatsache ist, dass unsere besten Ideen nicht von uns »gemacht werden«. Wir sagen nicht: »Ich mache eine Idee.« Nein, es heißt: »Mir kommt eine Idee.« oder »Ich habe eine Idee.« Sie kommen zu uns, sie sind auf einmal da. Oft geschieht das in Momenten, in denen wir gar nicht über das Thema nachdenken. Doch was ist an diesen Bewusstseinszuständen dran? Wie können wir diese Phasen für unseren Alltag nutzen?

Wenn die Idee einmal da ist, gilt es, sie auszuarbeiten, sie zu konzentrieren, sie zu überprüfen und dann auch sie zu realisieren. Charles Darwin, der durch seine Evolutionstheorie berühmt wurde, schreibt in seinen Aufzeichnungen darüber, wie er aus Ideen nach und nach seine Thesen entwickelte. Ein Komponist beschrieb einmal die Phase der Komposition so, dass er die Klänge, an die er sich aus seiner Kindheit erinnerte, so lange versuche in Musik zu fassen, bis es ihm schließlich gelinge. Man muss also dranbleiben, sich nicht frustrieren lassen und auch fleißig sein.

Ohne anschließenden Fleiß und viel Gehirnschmalz bleibt die im Alpha-Zustand erweckte Kreativität allerdings wertlos.

Alles ist eins,

alles ist Energie

Alles ist eins, alles ist Energie

An dieser Stelle ein paar Sätze zu meinem Weltbild. Fast bin ich geneigt, mein »aktuelles« Weltbild zu sagen, denn ich bin mir sicher, dass ich in fünf Jahren einiges daran geändert haben werde.

Mit Weltbildern ist es so eine Sache. Sie sind immer nur Bilder einer Realität, die wir mit dem Verstand nicht in vollem Umfang erfassen können. Schauen Sie sich zum Beispiel ein Foto an. Was sehen Sie? Sie sehen ein zweidimensionales Objekt, also das Fotopapier, und darauf ist ein Bild zu erkennen. Das Bild stellt etwas dar, was eine Dimension mehr hat. Diese dritte Dimension ergänzt unser Gehirn, beziehungsweise unser Verstand, automatisch. Unsere Erfahrung hat uns gelehrt, damit umzugehen und den Inhalt eines Fotos hochzurechnen auf die vermutete Realität.

Spirituelle Weltbilder sind ebenfalls immer nur Bilder. Alles, was wir schreiben, aussprechen, denken oder malen, ist um (mindestens) eine Dimension reduziert. Unsere Seele versteht – wenn wir es zulassen – die dem Verstand fehlende Dimension intuitiv. Sie kann uns jedoch wiederum diese Dimension nicht erklären – zumindest nicht so, dass das Ego die Erklärung akzeptieren könnte.

Zudem arbeiten wir auf verschiedenen Ebenen (Körper, Geist, Seele) mit unterschiedlichen Weltbildern. Es zeigen sich die gleichen Probleme wie in den Naturwissenschaften, wenn wir von der einen Ebene auf die nächste wechseln wollen. Das Bild passt für die eine Ebene wunderbar, für die anderen jedoch nicht! Oder es entstehen logische Widersprüche, die sich aus der fehlenden Dimension ergeben.

Ein Beispiel: Auf der Ebene der großen materiellen Dinge arbeitet die Physik mit dem Newton'schen Modell. Geht es um die Welt der Atome, benutzen wir das Bohr'sche Atommodell. Hier passt das Newton'sche Modell nicht mehr. Suchen wir weiter nach den kleinsten Teilchen, so landen wir in der Quantenphysik, die wiederum andere Modelle benötigt. Widersprüche entstehen, die scheinbar nicht zu vereinbaren sind. Und dennoch funktioniert jedes der Modelle – oder Bilder – auf seiner Ebene hinreichend gut.

Aber nun weg von der Quantenphysik und wieder zurück zu unserem eigentlichen Thema. Für die spirituelle Ebene habe ich hier versucht, einige Grundsätze, Bilder oder Modelle – wie Sie wollen – kurz zusammenzufassen:

Oberste Priorität hat für mich der Satz **»Alles ist eins«**. Es erscheint mir geradezu zwingend, dass alles, was existiert – und alles, was nicht existiert –, ein großes Ganzes ergibt, das immer eine Dimension größer ist und sein wird, als unser Verstand es begreifen kann. Innen ist eins mit Außen; meine Gedanken, meine Emotionen und alles Erleben sind Teil eines Ganzen. Trennung existiert nur, weil unserem Ego diese Dimension fehlt. Angenommen, Sie liegen in der Badewanne und Ihre Zehen gucken aus dem Badewasser geradeso heraus. Jeder Zeh könnte nun meinen, er wäre ein eigenständiges Wesen – die fehlende Dimension des verbindenden Fußes sehen sie ja nicht.

Die zweitwichtigste Annahme besagt: **»Alles ist Energie.«** Statt Energie können wir vielleicht besser »Information« sagen. Oder ist es vielleicht der fantastische Traum eines universalen Wesens? Die Aborigines sagen, dass die große Regenbogenschlange die Welt erträumt hat. Für die

Schamanen ist alles ein Traum. Sagen wir, dass alles ein Traum ist, der auf Bildern basiert, die ein Ganzes träumt, in dem wir alle eins sind. Das große Ganze erträumt sich selbst. Auch in der Bibel heißt es: »Am Anfang war das Wort.«, was etwas Ähnliches meint. Dies rational zu verstehen, ist offensichtlich unmöglich.

Und die dritte wichtige These lautet: **»Es gibt keine Vergangenheit und keine Zukunft«**. Nur das Hier und Jetzt existiert. Die Vergangenheit ist ein Traum, den wir jeden Moment neu träumen. Er kann jederzeit geändert werden, wenn wir uns dazu entscheiden. Wenn wir nur in diesem Moment existieren und nur jetzt sind, kann der Traum – den wir als Vergangenheit bezeichnen – unendlich viele Varianten haben, die wir ständig neu wählen (können). Unsere Zukunft wiederum ist eine konstruierte Prognose auf Basis dieses Vergangenheitstraumes.

Aus diesen Annahmen folgt die letzte Hypothese: **»Es gibt unendlich viele Realitäten«**. Die Realität kann sich von jetzt auf gleich völlig ändern. Jeder Mensch für sich bestimmt, was geschieht, was ist, was erlebt wird; er hat seine ganz eigene Realität. Es gibt Außerirdische, es gibt Engel, es gibt Gnome und Feen, weil sie in irgendeiner Realität existieren. Ob das auch Ihre oder meine Realität ist, sei dahingestellt. Die unendlich vielen Realitäten existieren parallel, und wenn wir unsere Glaubenssätze loslassen und unser Weltbild es zulässt, können wir jederzeit unsere Realität wechseln. Wenn wir aber sagen, dass es keine Engel gibt, dann gibt es in unserer Realität auch keine Engel.

All das sollten Sie wissen, wenn Sie lernen wollen, mit dem Alpha-Zustand zu arbeiten. Es handelt sich dabei nur um ein Modell. Für mich ist es jedoch sehr logisch und bisher die beste Erklärung dafür, wie Ideen realisiert werden, wie Zukunft (besser: Gegenwart) erschaffen wird und wie Heilung geschieht.

Kreativität

durch das Höhere Selbst

Kreativität durch das Höhere Selbst

Der Alpha-Zustand ist kein Selbstzweck, sondern ein Weg in einen Bewusstseinszustand, der zu mehr Kreativität im Leben führen kann. Kennzeichnend für kreative Phasen ist eben dieser Bewusstseinszustand. Die richtige Portion Kreativität zum richtigen Moment ist der Schlüssel zu einem erfüllten Leben. Konzentrieren wir uns auf die kreative Lösung und nicht auf das Problem oder irgendwelche Ängste, ist bereits mehr als der halbe Weg geschafft. Was aber ist Kreativität genau?

> Kreativität ist die Fähigkeit, alle zur Verfügung stehenden Ressourcen zielorientiert einzusetzen, ohne dass der Verstand die Führung übernimmt.

Der Verstand arbeitet mit, aber er führt nicht. Ressourcen sind dabei nicht nur bisher erworbene Fähigkeiten – wie man oft liest –, sondern auch im Unbewussten gespeichertes Wissen: das Wissen des Kollektiven Unbewussten. Kreative Prozesse laufen eher unbewusst ab und erscheinen uns dadurch oft als plötzliche Eingebung.

Tun durch Nicht-Tun

Kennen Sie Bogenschießen? Ich meine nicht das, was wir schon mal im Garten mit dem Bogen unserer Kinder machen, sondern die hohe Kunst des Bogenschießens. Meditative Aspekte stehen dabei im Vordergrund. Das Treffen selbst ist erst einmal nicht wichtig, es kommt von allein, wenn wir eins mit dem Bogen werden. Durch die starke Ritualisierung des Schießens erlangt man einen Bewusstseinszustand, der Konzentration und Gelassenheit vereint. Absichtslosigkeit ist dabei die Formel zum Erfolg. Wollen wir unbedingt treffen, sind wir also nicht absichtslos, konzentriert und gelassen, so verfehlt der Schuss das Ziel. Stattdessen zielen wir und lassen los – und das auch im mentalen Sinne. Wir lassen die Absicht los und schauen, wohin der Pfeil fliegt.

Im Daoismus spricht man von »Wu Wei«, dem ursprünglichen Prinzip des Seins, das alles regelt, bewirkt und erschafft, sodass es sinnlos wäre, darin eingreifen zu wollen. In der reinen Wahrheit braucht der Mensch nicht mehr zu handeln, weil Wu Wei bereits alles beinhaltet und für die richtigen Schritte sorgt. Im Daoismus ist also jedes Handeln leer, spontan, absichtslos, kreativ und intuitiv. Mit voller Konzentration öffnet man sich dem unbekannten Raum.

Eng verbunden mit der Kreativität ist die Intuition. Intuition ist die Verbindung mit einer höheren Kraft, welcher Art auch immer.

Man kann in ihr das Höhere Selbst, die Natur, Gott oder eine andere schöpferische Kraft sehen. Daneben ist Intuition für mich ein Zugriff auf unbewusstes Wissen, das auf eigenen und fremden Erfahrungen beruht. Intuition ist ein Produkt des Alpha-Zustands, sie fliegt uns einfach zu, vielleicht sogar, ohne dass wir bewusst darum gebeten haben. Man könnte sie auch als unbewusste Intelligenz bezeichnen, die oft eine rational anscheinend sinnvolle Entscheidung verwirft – und dabei meistens recht behält. Der ungarische Chemiker und Philosoph Michael Polanyi (1891–1976) sagte einmal: »Wir wissen mehr, als wir sagen können.«[1] Wussten Sie, dass wir etwa elf Millionen Informationen pro Sekunde aufnehmen können, unser Bewusstsein aber nur um die 50 davon verarbeitet? Was glauben Sie, welches Potenzial sich uns eröffnen würde, wenn wir Zugriff auf die anderen 10.999.950 Informationen hätten?

Wie Sie Ihre Kreativität entdecken und wie Sie in den dafür notwendigen Alpha-Zustand gelangen, können Sie lernen. Dabei ist der Ablauf für alle Probleme, Anliegen oder Themen immer derselbe. Sie definieren Ihr Ziel, Sie haben eine glasklare Intention. Dann aktivieren Sie Alpha und erschaffen damit einen Zustand, der es Ihrem Selbst ermöglicht, alle zur Verfügung stehenden Ressourcen zu nutzen. Und zu guter Letzt lassen Sie los, Sie lassen den Prozess einfach laufen, ohne ihn mit dem Verstand beherrschen oder kontrollieren zu wollen.

[1] Vgl. dazu den Wikipedia-Artikel über »Implizites Wissen« auf: http://de.wikipedia.org/wiki/Implizites_Wissen

Natürlich ist Alpha auch der perfekte Zustand für Affirmationen, Suggestionen und Visualisierungen. Diese jetzt zu erklären, würde aber den Rahmen dieses Buches sprengen. Auch über Kreativitätstechniken wie die Walt-Disney-Methode, das Brainstorming und Mind-Mapping könnte man noch eine Menge schreiben. Vielleicht ist dieses Buch ja für Sie eine Anregung, sich weiter mit dem Thema zu beschäftigen.

Gehirnhälften,

Träume und Alpha

Gehirnhälften, Träume und Alpha

Der Mensch benutzt nur etwa zehn Prozent seiner Gehirnkapazität, sagen die Forscher. Und in unserer verstandesorientierten Welt konzentrieren sich diese zehn Prozent überwiegend auf die linke Gehirnhälfte, den für das Logische und Analytische zuständigen Bereich. In der rechten Hälfte hingegen geschieht deutlich weniger. Bei alldem ist unser Gehirn der beste Computer, den wir uns vorstellen können. Es verarbeitet Informationen schneller und auch sein Speichervermögen ist viel größer. Es stellt sich natürlich die Frage, wie und wo das Wissen genau gespeichert sein soll beziehungsweise wie wir es abrufen können.

Schamanen sagen, dass das Wissen der Welt in allem enthalten ist. Es befindet sich sowohl in unseren Körperzellen als auch in jedem kleinsten Teilchen. Wohlgemerkt:

In jedem von uns steckt das gesamte Wissen der Erde.

Dieses Wissen ist nicht in unseren Köpfen, es ist überall und nirgends. Es ist eher zwischen den Menschen als in ihren Köpfen. Wenn ich die neuesten Erkenntnisse der Gehirnforschung lese, schleicht sich bei mir immer wieder die Frage ein, warum das Gehirn so überbewertet wird. Nie hat jemand das Bewusstsein oder die Seele darin gefunden. Ruth Wenger schreibt, dass aus Sicht der Bewusstseinsforschung das Gehirn lediglich das Umsetzungsinstrument sei, die eigentliche Schaltzentrale aber sei das Bewusstsein.[2] Könnte es sein, dass das Gehirn einfach nur ein Bild für die Funktion des Denkens ist?

Wie Sie sicher wissen, ist unser Gehirn kein einheitlicher Klumpen, sondern setzt sich aus verschiedenen Bereichen mit unterschiedlichen Funktionen zusammen. Je nachdem, was wir gerade tun, kann eine Aktivität des Gehirns in ganz bestimmten Regionen gemessen werden.

Im **Alpha-Zustand** ist die rechte Gehirnhälfte deutlich aktiver als im normalen Tagesbewusstsein. Dabei steht die rechte Hälfte für Intuition, Kreativität, Verstehen und Entwickeln von Geschichten, Musik, Geometrie, Raum, Körper, Erkennen von Gesichtern, Synthese, Ganzheit,

[2] Vgl. dazu: Wenger, Ruth: *Alphaskills. Effizienter lesen, besser zuhören, entspannter arbeiten.* Frankfurt/Main 2005.

Zeitlosigkeit und Spiritualität. Die rechte Gehirnhälfte »denkt« in Bildern.

Im **Beta-Zustand**, einer höheren Frequenz, wie Sie noch sehen werden, ist die linke, analytische Gehirnhälfte aktiver. Links liegt auch unser Sprachzentrum. Dieser Teil arbeitet mit abstrahierten Inhalten, mit Worten, Zahlen und Zeichen. Sprechen, Lesen, Schreiben, Interpretationen von Bildern und Geschichten, sensorischer Wahrnehmung, Logik und Mathematik – all das findet in der linken Hälfte statt. Bei Ingenieuren und Naturwissenschaftlern dominiert die linke Gehirnhälfte – bei Künstlern und Krankenschwestern hingegen die rechte.

Dies ist der Punkt: Die gezielte Synchronisation unserer beiden Gehirnhälften.

Irgendwo habe ich einmal gelesen, dass dann Herz und Verstand Hand in Hand gehen – ein schönes Bild. Doch so weit sind heute die wenigsten von uns, meist werden wir von unserem Verstand gesteuert und haben nur einen begrenzten Zugang zu unserer Intuition. Auch wenn selbst in der Management-Literatur mittlerweile gepredigt wird, dass das Bauchgefühl oft viel zuverlässigere Entscheidungen trifft als der Kopf, beherzigt diese Erkenntnis kaum jemand, weil die Angst überwiegt, Fehler zu machen. Und wie sollte man dann logisch ein Bauchgefühl erklären? Wie erklären, warum man so entschieden hat?

Bei stark spirituell orientierten Menschen kann das auch genau umgekehrt sein: Sie benutzen häufig ihre rechte Gehirnhälfte zu viel und ihre analytischen Fähigkeiten zu wenig. In so einem Fall könnte es durchaus Sinn machen, die linke Hälfte ein wenig zu stärken. Nichtsdestotrotz kenne ich viele spirituell interessierte Menschen, die ihre Spiritualität ausgerechnet nur über ihren Verstand erreichen wollen.

Im Allgemeinen dominiert die linke Gehirnhälfte unser Denken. Dabei ist es so, dass wir »rechts« viel schneller als »links« sind: Bilder verarbeiten wir erheblich schneller als Sprache oder Daten.

Würden wir auf der Suche nach neuen Lösungen nur den Verstand gebrauchen, würde alles, was wir denken könnten, nur auf Grundlage unserer eigenen Erfahrungen, Glaubenssätze etc. und auf dem von anderen Gehörten oder Erlerntem beruhen. Wenn wir jedoch etwas Neues suchen, etwas, was es so noch nicht gibt, wenn wir kreativ sein möchten, weil ein Problem mit herkömmlichen Ansätzen nicht zu lösen ist, dann müssen wir neue Wege gehen.

Kreative Lösungen stehen selten am Ende eines Denkprozesses, sondern sie »erscheinen« einfach.

Gerade, wenn wir dringend eine kreative Lösung suchen, fällt es uns jedoch schwer, absichtslos und geduldig zu sein. Wir müssen warten, uns Zeit lassen. Die Dinge brauchen Zeit, um sich zu entwickeln, lange geschieht vielleicht gar nichts. Das Ego hat damit ein Problem und will das Kommando wieder übernehmen. Lassen Sie dies nicht zu. Und dann kommt oft – ganz plötzlich – der Moment der Eingebung.

Ein Plädoyer für den Verstand

Hin und wieder könnte man den Eindruck gewinnen, dass unser Verstand das Schlimmste ist, was uns zustoßen konnte. Überall wird er verteufelt, man versucht, die Gedanken abzuschalten. Das aus dem Bewusstsein entstandene Ego, ein guter Freund des Verstandes, wird ebenfalls abgelehnt. Die Auflösung des Egos ist in vielen spirituellen Richtungen oberstes Ziel. Ich bin jetzt 47 Jahre alt, und ich muss sagen, ich habe in all diesen Jahren noch keinen Menschen ohne Ego gesehen. Vom einen oder anderen Guru hört man vielleicht so etwas, aber der einzige Mensch, den ich je getroffen habe, der von sich behauptete, Erleuchtung erlebt zu haben, verbrachte die sechs Monate danach in der Psychiatrie. Ich habe mit ihm gesprochen, und sein Zustand schien wirklich nicht erstrebenswert – falls er überhaupt etwas mit Erleuchtung zu tun hatte. Tatsächlich ist es sehr unwahrscheinlich, dass es uns gelingen kann, unser Ego aufzulösen. Da erscheint es mir als der bessere Weg, es als Bestandteil unseres Lebens anzunehmen und den Widerstand loszulassen. Jeglicher Trennungsgedanke – hier mein Ego, dort der Rest – ist immer ein theoretisches Konstrukt und kann nie real sein, wenn alles mit allem verbunden ist. Ein einfaches Beispiel dafür ist mein großer Zeh: Ob er mir gefällt oder nicht, er ist und bleibt ein Teil von mir, und nur durch meine Gedanken wird er zu einem unabhängigen Körperteil. Die Benennung führt zur Trennung. Mache ich mir keine Gedanken darüber, ist er nicht mehr mein Zeh, sondern ein Bestandteil meines Körpers.

Lassen Sie uns also den Verstand integrieren! Im systemischen Coaching wird sehr viel über den Verstand gearbeitet. Veränderungen werden gedanklich – in Zusammenarbeit mit den Bildern der rechten Gehirnhälfte – erarbeitet und führen in der Folge schrittweise zu Veränderung. Wer den Verstand integriert, wird nicht überfallen von plötzlichen, spontanen Veränderungen in der Persönlichkeit, sondern er wird alles, was geschieht, einordnen können und zu schätzen lernen.

Unser Ziel sollte es demnach sein, die Fähigkeiten unseres Gehirns besser zu nutzen, die intuitive, kreative Welt zu integrieren und idealerweise beide Gehirnhälften gleichwertig und gleichzeitig gezielt einzusetzen – denn dann ist unser schöpferisches Potenzial am größten. Wir erfahren eine innere Führung, werden sicherer bei unseren Entscheidungen, sind einfach entspannt und locker.

Lösen wir Probleme im Alpha-Zustand,
so wird die Lösung um eine Dimension reicher.

Es sei Ihnen überlassen, ob Sie diese Dimension als Verbindung zum Höheren Selbst, als das Göttliche oder – ganz rational – als optimale Ausnutzung Ihres Gehirns ansehen. Doch durch das Herbeiführen des Alpha-Zustands können Sie nicht nur kreativ sein: Sie können auch Krankheiten von sich fernhalten und einen fruchtbaren Boden für die Selbstheilung Ihres Körpers schaffen. Darüber hinaus können Sie gewisse Fähigkeiten erlernen oder verbessern.

Probleme und Themen, die Sie im Alpha-Zustand reduzieren oder heilen können:

- α Stress
- α Ängste
- α Depressionen
- α Schlafstörungen
- α Medikamenteneinnahme
- α Abhängigkeiten und Sucht
- α psychosomatische Probleme
- α Burn-out-Syndrom
- α verschiedene Arten von Schmerzen
- α Bluthochdruck
- α Spannungskopfschmerzen, Migräne
- α Nervöse Störungen
- α Traumata (unter Hinzuziehen von professioneller Hilfe)

Ziele, die Sie durch das Erlangen des Alpha-Zustands erreichen können:

- α absolute Präsenz
- α schnellere Informationsverarbeitung
- α Synchronisierung der Gehirnhälften
- α Manifestierung von Gedanken und Zielen
- α Integration der analytischen und intuitiven Ebene
- α Stärkung des Immunsystems
- α Regenerierung des Körpers
- α Aktivierung der Selbstheilungskräfte
- α Zugang finden zum Unbewussten
- α Verbesserung »übersinnlicher« Fähigkeiten
- α Steigerung der Kreativität
- α Auflösung von Glaubenssätzen
- α »bewusster« Zugang zum kollektiven Unbewussten
- α Verbindung mit dem Höheren Selbst, mit dem Göttlichen Bewusstsein
- α Ausgeglichenheit
- α intensiveres Erleben
- α Loslassen negativer Gedanken
- α Lösen komplexer Probleme
- α schnellere Lesefähigkeit
- α Konzentrationssteigerung
- α Hellsehen/Telepathie

Sie sehen, eine Menge Dinge sind offensichtlich möglich, wenn wir es nur schaffen, in einen bestimmten Bewusstseinszustand zu gelangen. Ein Teil beschäftigt sich mit Themen unseres Körpers, der Seele und des Geistes. Ein anderer wichtiger Aspekt ist dabei auch eine Verbesserung unserer Fähigkeit, zu lernen. Angesichts des heutigen Informationsüberflusses sind Methoden gefragt, die uns helfen, all das Wissen zu erfassen und zu speichern. Wissen ist Macht; Menschen, die in der Lage sind, effizient zu lernen, werden immer machtvoller.

Der bulgarische Arzt und Psychotherapeut Georgi Lozanov erfand in den 60er-Jahren des 20. Jahrhunderts die Suggestopädie, auch als »Superlearning« bekannt. Die Methode sollte dazu verhelfen, sich gleichzeitig entspannen und konzentrieren zu können. Durch Einsatz von Entspannungstechniken, Barockmusik, Spielen, Rhythmisierung und anderen Elementen sollte das Lernen von Sprachen und anderen Fähigkeiten deutlich schneller und effizienter möglich werden – alles Dinge, die uns auch in den Alpha-Zustand versetzen. Heute ist sich die Wissenschaft einig, dass dieses sogenannte ganzheitliche Lernen den Lernprozess erleichtert, jedoch keine Wunder bewirkt. Man muss sich auch hier sein Wissen erarbeiten, es fliegt uns (noch) nicht im Schlaf zu.

Bewusstseins-zustände

und Gehirnwellen

Bewusstseinszustände und Gehirnwellen

Auf der Basis der zugrunde liegenden Gehirnfrequenzen werden fünf verschiedene Bewusstseinszustände unterschieden. Jede einzelne elektrochemische Entladung unserer Milliarden von Gehirnzellen erzeugt ein winziges elektromagnetisches Feld mit einer der nachfolgend aufgeführten Frequenzen. Die Gesamtheit dieser Signale nennt man »Gehirnwellen«. Gemessen werden diese Frequenzen mit dem EEG. Das EEG stellt die auf der Kopfhaut gemessenen Spannungsschwankungen in einer Grafik dar. Allein aufgrund der auf der Haut gemessenen Gehirnwellen lässt sich der Grad der Wachheit und des Bewusstseinszustands jedoch nicht festlegen. Die gleichzeitig gemessenen Anteile und Verteilungen der anderen Frequenzbereiche sowie Messungen auf der Kopfhaut spielen ebenfalls eine Rolle. Fixiere ich die Elektroden anders, erhalte ich auch andere Messergebnisse. Zudem stellt man immer eine Mischung bzw. Überlagerung aller Frequenzbereiche fest. Die Übergänge sind fließend; so ist im EEG bei einem Probanden, der mit geschlossenen Augen in einem Sessel sitzt, oft keinerlei Betonung eines bestimmten Frequenzbereichs zu sehen. Auch in Trance sieht das EEG nicht sehr viel bis gar nicht anders aus als sonst. In Tests hat man festgestellt, dass es eher um eine Tendenz zu gewissen Frequenzbereichen geht. Um wirklich Trance-Phänomene und Ähnliches mit dem EEG messen zu können, braucht es aufwendigere Verfahren, bei denen auch die normale Grundaktivität des Gehirns herausgerechnet wird.

Die Frequenzverteilung der unterschiedlichen Gehirnwellen und damit der Bewusstseinszustände liegt im Bereich zwischen 0,4 und 80 Hz:

	0 Hz	Hirntod
Delta	0,4–3 Hz	Tiefschlaf, Trance
Theta	3–8 Hz	tiefe Entspannung, Meditation, Hypnose, Wachträume
Alpha	8–12 Hz	leichte Entspannung, nach innen gerichtete Aufmerksamkeit
Beta	13–30 Hz	normaler bis erhöhter Aufmerksamkeitsstatus, hellwach
Gamma	30–80 Hz	permanente Alarm- bereitschaft, anspruchsvolle Tätigkeit

Wenn keine Gehirnwellen mehr messbar sind, so liegt die Frequenz bei 0 Hz, medizinisch spricht man dann vom Hirntod.

Die **Delta**-Wellen sind typisch für die traumlose Tiefschlafphase oder eine tiefe Trance. Je tiefer der Schlaf ist, desto niedriger ist die gemessene Frequenz und desto größer ist die Amplitude. Die rechte Gehirnhälfte dominiert – man sagt, dass Telepathie und Hellsehen über diese Wellen geschehen. Auch unser Geist wird in diesem Frequenzbereich geheilt. Zudem spielen diese Wellen im Austausch zwischen Heiler und Patient eine wichtige Rolle.

Im leichteren Schlaf oder im Zustand tiefer Entspannung messen wir vermehrt die **Theta**-Wellen. Auch in der Hypnose oder Trance bewegen sich die Frequenzen oft in diesem Bereich. Im Theta-Zustand träumen wir, wir räumen unseren Geist auf und holen uns geistige Frische. Wer es schafft, mithilfe der Übungen und Methoden in diesem Buch den Alpha-Zustand immer bewusster zu erzeugen, kann später mit weiteren Übungen auch in den Theta-Zustand gelangen, ohne dabei einzuschlafen. Wer regelmäßig meditiert, unterstützt die Theta-Phase gezielt und benötigt weniger Schlaf. Meditation ist übrigens in Bezug auf die geistige Erholung noch effizienter als Schlaf. Intuition, Kreativität und Fantasie sind im Theta-Zustand noch stärker ausgeprägt als im Alpha-Zustand. Ohne Übung können wir uns jedoch meist nicht an das erinnern, was uns eingefallen ist oder was uns eingegeben wurde.

Der **Alpha**-Zustand ist der der leichten Entspanntheit und nach innen gerichteten Aufmerksamkeit, vergleichbar mit einer leichten Meditation. Alle Arten von Mentaltraining bauen auf diesem Bereich auf. Die Übungen in meinem Buch *Selbstheilungspraxis*[3] führen ebenfalls in den Alpha-Zustand – oder erfordern ihn. In Stresssituationen erzeugen wir übrigens unwissentlich winzig kurze Alpha-Momente, indem wir blinzeln. Kinder, so sagt man, sind bis etwa zum vierten, fünften Lebensjahr immer in einem Zustand geringer Gehirnfrequenz, also zwischen Theta und Alpha.

Die **Beta**-Wellen endlich kennzeichnen den »normalen« Alltagszustand. Die linke Gehirnhälfte hat das Kommando übernommen, und unsere Aufmerksamkeit ist wieder nach außen gerichtet. Unsere fünf Sinne, die im Alpha-Zustand nahezu ausgeschaltet sind, funktionieren hier.

[3] Driver, Oliver: *Selbstheilungspraxis. Der schamanische Weg. Ein Weg der Leichtigkeit durch die Kraft der Seele*. Darmstadt 2010.

Konzentrieren wir uns stark, erhöht sich die gemessene Frequenz bis in den **Gamma**-Bereich, ein Zustand absoluter Aufmerksamkeit und hoher Wachheit. Gamma-Wellen treten sowohl bei Spitzenleistungen, starker Fokussierung und mystischen sowie transzendenten Erfahrungen auf als auch bei Angstzuständen und Schizophrenie. Außerdem berichten Menschen, die einen solchen Zustand schon einmal erlebt haben, von Einheitsgefühlen und dem Verlust des Ich-Bewusstseins.

Je geringer die Gehirnwellenfrequenz ist, desto mehr wird übrigens der Parasympathikus in Anspruch genommen. Er ist eine der drei Komponenten des vegetativen Nervensystems, das für die automatische Steuerung der meisten Körperfunktionen zuständig ist. Beim Parasympathikus spricht man auch vom »Ruhenerv«. Er sorgt für Ruhe, Erholung und Schonung. Sein Gegenspieler ist der Sympathikus, der für eine Leistungssteigerung des Organismus, für Angriffs- oder Fluchtverhalten und außergewöhnliche Anstrengungen zuständig ist.

Endorphine und Serotonine, die stressabbauenden Neurotransmitter, werden nur im Alpha- und Theta-Zustand von unserem Körper produziert. Das Stresshormon Adrenalin hingegen wird mit steigender Gehirnfrequenz mehr und mehr ausgeschüttet.

Der Alpha-Zustand ist immer auch Ekstase.

Hier ist die Ekstase in ihrer ursprünglichen Bedeutung gemeint. Heute nutzen wir das Wort »Ekstase« zumeist im Sinne ausschweifender, hemmungsloser und rauschhafter Aktivitäten unter Einfluss von Drogen, Musik u. a. Der Ursprung ist jedoch ein anderer: Ekstase ist ein »In-Verzückung-außer-sich-Geraten«, eine Bewusstseinsveränderung mit dem Resultat höchster Hingabe und gesteigerten Aufnahmevermögens. Zweck des Ekstasezustandes ist es dabei immer, sich selbst, Gott, der Natur und dem Höheren Selbst näherzukommen.

Die Schumann-Frequenz

Der Physik-Professor Winfried Otto Schumann entdeckte 1952, dass Sonne und Erde gemeinsam einen riesigen Kugelkondensator bilden, der zu einer Eigenresonanz der beteiligten Körper führt. Als Resonanzfrequenz für die Erde errechnete er 7,83 Hz, dies ist die Frequenz, bei der die Erde mitzuschwingen beginnt. Dies funktioniert ähnlich, wie wenn Musik ein Kristallglas zum Schwingen bringt. Später stellte man fest, dass es weitere Resonanzfrequenzen gibt, die bei etwa 14 und 20 Hz liegen. Zudem erhöhte sich die Grundfrequenz der Erde in den letzten Jahren ganz leicht. Man konnte also feststellen, dass die Erde schneller zu schwingen beginnt.

Ich erwähne diesen Sachverhalt, weil diese Frequenzen den Resonanzfrequenzen des Gehirns entsprechen. Würde dies bedeuten, dass sowohl Erde als auch unsere Gehirne im Laufe der Zeit schneller schwingen? Es gibt Denkansätze, die meinen, dass Erleuchtung und spirituller Fortschritt mit einer schnelleren Schwingung unseres Bewusstseins verbunden sind. Sollte sich hieraus eine spirituelle Entwicklung der Menschheit interpretieren lassen? Wenn es einen Zusammenhang zwischen

Erd- und Hirnfrequenz gibt und die Erde ihre Frequenz im Laufe der Jahrzehnte und Jahrhunderte immer weiter erhöht, würden wir vielleicht irgendwann in den Gamma-Bereich kommen. Sie erinnern sich, Gamma steht u.a. auch für transzendente Erfahrungen. Die schamanische Trance beispielsweise spielt sich zwar meist im Theta-Bereich ab, man hat aber auch festgestellt, dass gleichzeitig ein erheblicher Anteil höherer Frequenzen von über 20 Hz für eine gesteigerte Wachheit sorgt. Das würde bedeuten, dass höhere Bewusstseinszustände mit der Zeit nicht ein paar wenigen Vorreitern zugänglich sein werden, sondern jeder Mensch sie haben wird. Möglich, dass wir in einigen hundert Jahren alle entsprechende Erfahrungen machen können.

Der Alpha-Zustand

Der Alpha-Zustand

Alles, was man über den Alpha-Zustand hört, suggeriert, dass es einen Normalzustand gibt, von dem wir zu bestimmten Zeiten abweichen – sei es bewusst oder unbewusst, gewollt oder ungewollt. Der Normalzustand wäre demnach das wachbewusste Erleben. Es zeigt sich jedoch immer wieder, dass dieser »Normalzustand« nichts Konstantes ist, sondern, dass sich ständig verschiedene Phasen abwechseln. Zudem sind auch noch die Menschen selbst sehr unterschiedlich.

Der Alpha-Zustand ist kein schlafähnlicher Zustand, sondern eine Kommunikationsform, in der wir eine Verbindung mit allem, was ist, freischalten.

Wir sind in einer leichten Trance, die weniger dem Schlaf ähnelt als einem Tagtraum. Wie oft haben Sie sich schon dabei erwischt, dass Sie im Auto sitzen und keine Ahnung haben, ob die letzten drei Ampeln wirklich grün waren? Sie waren sicherlich grün, jedoch haben Sie das alles nur unbewusst wahrgenommen, Sie können sich nicht bewusst daran erinnern. Der letzte Kilometer der Fahrtstrecke fehlt in Ihrem Gedächtnis. Sie waren in einem besonderen Bewusstseinszustand, dem Alpha-Zustand. Wie oft erwischen Sie sich bei Tagträumen? Auch in solchen Momenten sind Sie im Alpha-Zustand. Allerdings haben Sie ihn in dem Moment, in dem Sie sich »erwischen«, auch schon wieder verlassen. Man kann sich nicht im Alpha-Zustand beobachten. Oder anders: Das sicherste Zeichen dafür, dass man sich nicht im Alpha-Zustand befindet, ist, dass man denkt, man täte es.

Im Alpha-Zustand sind Sie absolut präsent, klar und wach.

Sie sind ruhig und ausgeglichen, körperlich entspannt und haben zudem eine verfeinerte Wahrnehmung. Wer sich mit Hypnose auskennt, erkennt hier die Parallelen. Unter Hypnose ist der Klient entspannt im Alpha-Zustand, und der Therapeut hat die Möglichkeit, mit ihm neue Lösungsmöglichkeiten zu entwickeln, tief liegende Probleme zu klären, alte Glaubenssätze zu löschen und innere Konflikte zu bearbeiten. Charakteristisch an der Hypnose ist, dass in Trance eine Aufmerksamkeitsverlagerung auf eine ganz bestimmte Sache, ein inneres Erleben, erfolgt. Dieses Erleben überlagert die Wahrnehmung der aktuellen Umgebung mehr und mehr, sodass unter Hypnose auch der Zahnarzt ohne Betäubung bohren kann. In der Hypnose-Therapie erschafft der Arzt oder Therapeut dem Klienten eine Wirklichkeit, in der das Problem oder die Krankheit nicht mehr existiert. Emotionen, Stimmungen und körperliche Gefühle sind dabei wichtige Hinweisgeber und Helfer. Unter Hypnose sind wir in der Lage, Glaubenssätze und Ähnliches außer Acht zu lassen und entsprechend Dinge anders zu sehen und anders zu handeln. Persönliche Grenzen werden zunächst testweise verlegt und können sich dann später in der Realität etablieren.

Die Neurologen Anna Wise und Maxwell Cade bezeichnen den idealen Zustand als »Awakened Mind« (erwachtes Bewusstsein). Awakened Mind zeichnet sich durch eine ziemlich gleichmäßige Mischung aller Frequenzen aus, bei der

Alpha übergewichtet und der obere Bereich von Beta und Gamma untergewichtet sind.

Manchmal spricht man auch vom »Flow«. Der Begriff Flow (engl. fließen, schweben) wurde von dem Psychologie-Professor Mihaly Csikszentmihalyi geprägt und bezeichnet das völlige Aufgehen in einer Tätigkeit. Ein deutsches Wort dafür wäre etwa »Schaffensrausch«. Zeit, Raum und äußere Umstände verschwinden für die Dauer des Flow und spielen keine Rolle mehr. Nur das Hier und Jetzt zählt, die Arbeit – oder was wir auch immer gerade tun – gelingt uns leicht und mühelos, wir gehen darin auf. Ein Augenblick fließt über in den nächsten. Gefühle oder Emotionen sind nicht vorhanden, wir sind in absoluter Stille und Leichtigkeit. Da ist nur unsere Tätigkeit, kein Grübeln, keine Sorgen, keine Angst.

Können wir uns darauf einigen, dass wir den Alpha-Zustand also nicht auf Basis gemessener Gehirnwellenfrequenzen definieren, sondern als einen besonderen Zustand, in dem wir besondere Fähigkeiten haben? Betrachten wir doch Alpha zunächst einmal unwissenschaftlich als einen Zustand, den wir durch gezielte Methoden, Übungen, und Rituale erreichen können, und nicht als eine bestimmte Gehirnwellenfrequenz. Wer weiß schon, wie sein Gehirn gerade schwingt? Zudem ist der Alpha-Zustand wahrscheinlich bei jedem Menschen anders. Flow, Trance und Ekstase sind individuelle Erfahrungen, die kaum miteinander vergleichbar sind.

Im Alpha-Zustand zu sein, bedeutet, im Fluss zu sein und die eigenen Fähigkeiten auf körperlicher, geistiger, spiritueller und emotionaler Ebene in Einklang zu bringen, einen Weg der Leichtigkeit zu gehen. In diesem Zustand stehen uns sowohl Intuition, Kreativität und entspanntes Bewusstsein als auch der analytische Verstand gleichzeitig zur Verfügung. Wir sind fähig, uns intensiv auf unser Tun zu konzentrieren und haben das sichere Gefühl der Kontrolle, ohne im eigentlichen Sinne zu kontrollieren. Wir sind weder gelangweilt noch überfordert, wir arbeiten oder handeln mühelos. Sorgen und negative Gedanken sind einfach nicht mehr da, die Zeit scheint nicht mehr zu existieren. Man könnte von einer neuen Dimension des Denkens sprechen, einer Art transzendentalem Zustand.

Alpha spielt auch bei der Heilung unseres Körpers eine wichtige Rolle. Jede Nacht, wenn wir ins Bett gegangen sind, erreichen wir den Alpha-Zustand. In dieser ersten Phase des Schlafes regeneriert sich der Körper, er erholt sich von den Strapazen des Tages. Im Gegensatz dazu erholt sich der Geist eher im Theta-Zustand. Wer nicht schläft oder übergangslos in den Tiefschlaf fällt, hat diese Regenerationsphase nicht. Das *Chronische Müdigkeitssyndrom* entsteht so. Obwohl der Betroffene die Nacht durchgeschlafen hat, fehlt ihm die körperliche Erholung aus der Alpha-Phase, und er ist morgens immer noch müde. Und was im Großen gilt, trifft auch im Kleinen zu. Im normalen Tagesablauf brauchen wir ebenso Phasen der Erholung. Schon Laotse sagte: »Wenn du es eilig hast, setze dich hin!« Die Kunst, sich regelmäßig eine Auszeit zu nehmen, müssen viele Menschen erst wieder lernen. Sich einfach einmal zu setzen, sich zurückzulehnen und für eine Minute die Augen zu schließen, kann enorme Kraft geben, wenn Sie es regelmäßig machen. Stattdessen schaffen wir uns häufig diese Phasen der Ruhe durch eine Flasche Bier oder ein Glas Wein nach der Arbeit und betäuben uns damit eher. Doch wenn Sie Techniken zur Erreichung des Alpha-Zustandes beherrschen, reichen Sekunden, um Sie wieder fit zu machen.

Alpha durch Rituale, Übungen und weitere Methoden erzeugen

Wie wäre es, wenn Sie in ein paar Wochen durch ein einfaches Reiben Ihres rechten Ohrläppchens ganz schnell und einfach in den Alpha-Zustand gelangen könnten? Im NLP (Neurolinguistisches Programmieren) spricht man vom »Anker setzen«: Ein bestimmter Reiz erzeugt dabei immer wieder eine gewisse Reaktion. Wenn ich mich im Laufe der Zeit daran gewöhnt habe, dass es bei meiner Mutter immer einen bestimmten Kuchen gibt, so werde ich, wenn ich diesen Kuchen in einem Café sehe, umgehend an meine Mutter denken. Wenn ein bestimmtes Lied im Radio kommt, fängt meine zweijährige Tochter immer an zu tanzen. Höre ich dieses Lied im Auto, muss ich ganz automatisch an sie denken. Genauso sollten Sie ein kleines Ritual oder eine Gewohnheit entwickeln, die Sie unmittelbar mit dem Alpha-Zustand verbinden.

Als auslösender Reiz kommt alles Mögliche in Frage, angefangen davon, sich an die Nase oder ans Ohr zu fassen, bis hin zu komplizierten Ritualen. Genauso gut funktionieren Bilder, Gegenstände, Musik, bestimmte Worte, Gerüche und so weiter. Vielleicht kennen Sie das Gefühl, wenn Sie ein Foto, das Ihnen viel bedeutet, anschauen. Sofort entsteht ein Glücksgefühl oder eine Sehnsucht.

Wie Sie auf den folgenden Seiten erkennen werden, ist es gar nicht so schwer, in den Alpha-Zustand zu gelangen. Die Kunst besteht vielmehr darin, diesen Zustand im Alltag spontan abrufen und ein wenig halten zu können, ohne seine Mitmenschen damit zu irritieren oder gar zu verstören. Suchen Sie sich also irgendeinen Anker-Reiz aus, den Sie ab jetzt ausschließlich mit Alpha verbinden. Ich habe mich für das Drei-Finger-Mudra entschieden, also das Zusammenlegen von Daumen, Mittel- und Zeigefinger. Wenn ich allein bin, bilde ich es auch schon mal mit beiden Händen und schließe dabei die Augen, was eine Art Sekundenmeditation ist. In Gesellschaft tut es auch die Hand unter dem Tisch oder in der Hosentasche. Sofort entspannen sich dann bei mir alle Muskeln, und Anspannungen verschwinden ganz automatisch.

Überlegen Sie sich ein kleines, einfaches Ritual, das Sie ausschließlich mit dem Alpha-Zustand verbinden.

Sie werden sicherlich drei Wochen brauchen, bis Sie dieses Ritual automatisch mit Alpha verbinden. Lassen Sie sich ausreichend Zeit, um es zu installieren, zu programmieren. Schließlich wollen Sie später mit einem »Klick« Alpha erzeugen. Wenn Sie Golf spielen, sollten Sie das Mudra – oder für welchen Anker-Reiz Sie sich auch immer entschieden haben – vor jedem Schlag kurz bilden. Beim Tennis verfahren Sie so vor dem Aufschlag. Mancher nimmt als Ritual auch einfach einen tiefen langen Atemzug, probieren Sie es aus.

Nach einiger Zeit werden Sie mithilfe der Übungen in der Lage sein, den Alpha-Zustand ganz einfach zu erzeugen und durch Ihr Ritual abzurufen. Es kommt dann nicht darauf an, diesen möglichst lange zu halten, jeweils ein paar bewusste Sekunden genügen. Achten Sie darauf, Ihre Technik hin und wieder aufzufrischen.

Eine kleine einschränkende Bemerkung muss ich zum zuvor Gesagten aber noch machen. Ich habe gerade einen zweitägigen Teambuilding-Workshop für Ingenieure und Architekten einer Projektmanagementgesellschaft geleitet. Die Teilnehmer standen nahezu alle ständig unter Strom und nutzten trotz Handy-Verbots jede Unterbrechung zum Telefonieren, beziehungsweise um E-Mails abzurufen. Kaum einer konnte sich bei kleinen Entspannungsübungen und Mentalreisen fallen lassen, insbesondere der Chef stand unter permanenter Anspannung. Alle waren gedanklich schon beim nächsten Tag, planten die Agenda der kommenden Woche und taten sich sehr schwer damit, einen Sinn in einfacher Meditation zu finden. Ihre Arbeitstage dauerten regelmäßig zehn bis zwölf Stunden, sie hatten kaum Zeit für ihre Familien und wunderten sich, dass die Bandscheibe versagte, der Partner über Liebesentzug murrte und die Kinder sie vermissten – oder plötzlich alle weg waren. Die knappe Freizeit wurde dann sogar noch dazu genutzt, zu lernen, wie man das Privatleben mit professionellen Projektsteuerungsmethoden und Zeitplänen managt.

Wenn Sie sich in dieser Beschreibung auch nur ansatzweise wiedererkennen, würde ich Ihnen vorschlagen, dieses Buch genau an dieser Stelle zuzuschlagen, erst einmal

15 Minuten lang die Augen zu schließen und dabei einfach gleichmäßig ein- und ausatmen. Eine der besten Übungen, die ich jedem nur empfehlen kann, ist, dreimal täglich für jeweils drei Minuten die Augen zu schließen und sich ganz einfach beim Atmen zuzuschauen.

Grundvoraussetzung für die Entwicklung und Nutzung des Alpha-Zustands für Ihr Leben ist ein halbwegs ausgeglichenes Seelenleben und die Fähigkeit, sich entspannen zu können. Daran müssen Sie zuerst arbeiten, bevor Sie die Möglichkeiten des Alpha-Zustands für sich nutzen können. Und wenn Sie meinen, dass Sie bereits ein entspannter Mensch sind, fragen Sie doch einmal Ihren Partner oder einen guten Freund, wie er die Sache sieht! Was würde er wohl sagen?

Wie viele Dinge, über die ich schreibe, ist auch die Erzeugung des Alpha-Zustands nichts, was man beim Lesen lernt. Nur die Übung und die individuelle Erfahrung zählen. Tun Sie sich etwas Gutes, und nehmen Sie sich die Zeit, die Sie brauchen.

Weil Menschen nun mal unterschiedlich sind, stelle ich auch verschiedene Wege vor, den Alpha-Zustand zu erreichen. Entscheiden Sie selbst, welche Methode Ihnen am meisten zusagt.

Wenn wir von unserem Alltagsbewusstsein ausgehen – was auch immer das genau ist – und versuchen, eine Veränderung des Bewusstseinszustands zu erreichen, gibt es grundsätzlich die folgenden Wege: Vom natürlichen Weg spricht man, wenn Körper oder Geist von sich aus umschalten, wie zum Beispiel bei körperlichen Erkrankungen, Krisen, Psychosen u. Ä. Den Gegensatz dazu stellen die übernatürlichen Wege dar, wie eine Nahtoderfahrung, die Erleuchtung oder ein Wunder. Dazwischen liegen die von uns selbst erzeugten oder verursachten Wege. Ich spreche von Drogen, Psychopharmaka, Hyperventilation, Tanz, Atmung, bestimmten Arten von Yoga, Musik, Askese und Fasten, Biofeedback, Meditation, Kontemplation, Gebet und Ähnlichem. Manche dieser Erlebnisse erfolgen spontan und intuitiv, andere wiederum werden bewusst erzeugt und manche sind geprägt durch eine Weltanschauung oder Kultur.

Die natürlichen und übernatürlichen Wege sowie Drogen und Psychopharmaka lassen wir außer Acht und konzentrieren uns stattdessen auf die gesünderen, erlernbaren Techniken, die zudem einfach und ohne Aufwand anwendbar sind.

Wie nun erlangen wir einen besonderen Bewusstseinszustand? Entsteht der in uns selbst, braucht er einen äußeren Auslöser? Ich denke, beides ist richtig. Sie können den Alpha-Zustand bewusst – wie eben gezeigt – beispielsweise mit einem Ritual aus sich heraus erzeugen, aber nehmen bestimmte Auslöser auch über Ihre Sinne wahr. Jeder der menschlichen Sinne ist geeignet, ein Alpha-Gefühl zu vermitteln. Zum Beispiel ist Ihr Tastsinn durch Sie selbst oder eine andere Person so stimulierbar, dass Sie darüber in Ekstase geraten können. Ihr Gehör ermöglicht es Ihnen, Musik zu hören, die Sie fliegen lässt. Guter Wein und gutes Essen können Ihre Geschmackssinne betören. Über Ihre Augen nehmen Sie in der Natur unfassbar schöne Dinge wahr, in deren Anblick Sie versinken können.

Das Gemeinsame an allen diesen Erlebnissen ist die Auflösung der Distanz zum Erlebten. So werden beispielsweise der Hörer, das Gehörte und das Hören eins, die Trennung löst sich auf. Ihre Skepsis, der beobachtende und bewertende Teil in Ihnen, verschwindet. Dies lässt sich leider nicht erzwingen, insofern genießen Sie diese Momente, kurz nachdem sie da waren. Denn sobald Sie sie genießen, ist der Verstand schon wieder beteiligt, und der Moment ist vorbei.

All dies können Sie nicht erzwingen. Aber Sie können die notwendigen Voraussetzungen schaffen, unter denen Alpha entstehen kann.

Die nachfolgende Aufstellung von Übungen und Methoden, um den Alpha-Zustand zu erlangen, erhebt keinen Anspruch auf Vollständigkeit, aber Sie werden schnell erkennen, was alle verbindet. (Sie werden in der einschlägigen Literatur auch andere, teils skurrile, teils aufwendige Methoden finden. Wenn Sie Spaß daran haben, probieren Sie diese aus, notwendig sind sie meiner Meinung nach nicht.)

Wenn Sie Ihre favorisierte Übung eine Weile gemacht haben, werden Sie in der Lage sein, ganz einfach den Alpha-Zustand zu erreichen.

> Ziel ist es nicht, diesen Zustand möglichst lange zu halten, sondern ihn bewusst zu erreichen.

Nach und nach dauert der Alpha-Zustand ganz von allein weiter an – umso länger, je öfter Sie üben. Achten Sie darauf, dass Sie nach und nach die Dauer der Übungen reduzieren, in etwa vier bis sechs Wochen sollten Sie ohne sie auskommen und den Alpha-Zustand nur mit Ihrem Ritual erzeugen können.

Übungen und weitere Methoden, durch die wir den Alpha-Zustand erreichen können:

Vorbereitung für die Übungen

Für den Anfang erleichtern Sie sich den Weg, wenn Sie dafür sorgen, dass Sie einen »meditationsgeeigneten« Rahmen schaffen. Wählen Sie einen ruhigen Raum, schalten Sie das Telefon aus, ziehen Sie die Vorhänge zu, und sorgen Sie dafür, dass Sie nicht gestört werden. Kleiden Sie sich bequem, und essen und trinken Sie vorher nicht übermäßig viel. Der Alpha-Zustand kann in allen erdenklichen Positionen erreicht werden. Schließlich ist es das Ziel, ihn mit ein wenig Übung jederzeit abrufen und in den Alltag integrieren zu können, ohne von den Mitmenschen schräg angesehen zu werden. Eine entspannte Haltung erleichtert jedoch das Üben. Sie können normal auf dem Stuhl sitzen, in der Droschkenkutscherhaltung (auf dem Stuhl sitzend, die Hände auf den Oberschenkeln, der Kopf nach vorne geneigt – wie ein schlafender Kutscher) oder auch einfach liegen. Beim Liegen besteht das Problem immer darin, dass man Gefahr läuft, einzuschlafen. Wenn Sie sich trotzdem hinlegen möchten, legen Sie bitte die Arme unbedingt ausgestreckt neben den Körper. Allerdings würde ich Ihnen raten, im ganz normalen aufrechten Sitzen auf einem eher festen Stuhl zu üben, das kommt dem Alltag einfach näher.

Atmung

Es würde den Rahmen sprengen, hier detailliert auf die Möglichkeiten, die Wichtigkeit und die Essenz der Atmung einzugehen. Atmung und Energiefluss hängen unmittelbar zusammen, eine Veränderung des Atemrhythmus beeinflusst Herzschlag und Gehirnwellenfrequenz unmittelbar. Im Yoga sagt man, dass die Atmung durch das rechte Nasenloch – den Sonnenkanal – anregend und nach außen gerichtet ist, und damit der linken Gehirnhälfte zugeordnet. Die Atmung durch das linke Nasenloch – den Mondkanal – hingegen wirkt beruhigend, ist nach innen gerichtet, und wird daher mit der rechten Gehirnhälfte assoziiert. Wollen Sie also beide Gehirnhälften gleichzeitig aktivieren, achten Sie vielleicht auch einmal auf Ihre Atmung.

Übung »Entspannung«

Je nachdem, wie geübt Sie in Entspannungstechniken sind, kann es bereits genügen, wenn Sie die Augen schließen und bewusst alle Muskelanspannungen auflösen. Richten Sie den Blick dabei innerlich leicht nach oben, ohne dass es anstrengend wird. Bei vielen Menschen sind die Schulter-, Nacken- und die Bauchmuskulatur angespannt, auch wenn das gerade nicht erforderlich ist. Entspannen Sie einfach alles.

Sollten Sie nicht so erfahren sein, können Sie Ihre Aufmerksamkeit auf den Atem lenken und beobachten, wie er sich in Ihrem Körper bewegt.

Oder Sie murmeln ununterbrochen ein Kunstwort vor sich her, das überhaupt keinen Sinn macht.

Eine andere Möglichkeit ist es, zu zählen. Sie können von 100 rückwärts bis 0 zählen, mit der Zeit reicht es, wenn Sie bei 50 anfangen und dies immer weiter reduzieren.

Sie können auch die Zahl Drei dreimal wiederholen, dann die Zwei dreimal, dann die Eins und zuletzt die Null. Oder Sie können rechnen: 1+1=2; 2+1=3; 3+1=4 usw.

Meditation

Meditation ist der Zustand, in dem unsere Gedanken stillstehen. Sie ist eine Form der Achtsamkeit. Wenn Sie meditieren, lenken Sie Ihre Energien auf das Nichts. Die Gedanken hören für kleine Momente auf zu existieren, und da ist nur noch die Stille, die Quelle, der Ursprung, aus dem alles kommt. Meditation hat kein Ziel. Sie selbst ist das Ziel, das man mithilfe von Willen und Anstrengung nie erreichen wird. Seien Sie absichtslos, das ist die Erfolgsformel für die Meditation. Erfolgreich sein, ohne es zu wollen – welch ein Widerspruch zu unserem normalen Denken!

Anfangs werden Sie froh sein, wenn Sie in der Meditation für einige Sekunden ohne Gedanken sind, später werden diese Phasen nach und nach länger. Noch lange aber werden Sie warten müssen, bis dann irgendwann –

wenn Sie alle Bemühungen und Anstrengungen, erfolgreich zu meditieren, aufgegeben haben – der Zeitpunkt kommt, zu dem Sie wirklich meditieren. Einfach so. Die Zeit scheint stillzustehen, wenn die Gedanken schweigen. Die Kunst der Meditation ist also die Kunst, die Welt zum Stillstand zu bringen. Nun bin ich mir durchaus darüber im Klaren, wie wenig alle weisen Worte über Meditation den Menschen helfen. Setzen Sie sich also einfach hin, schließen Sie die Augen, und atmen Sie. Einatmen, ausatmen, einatmen, ausatmen – immer weiter. Schenken Sie Ihre Aufmerksamkeit Ihrem Atem, spüren Sie, wie er durch Nase, Rachen und Luftröhre in die Lunge bis zum Zwerchfell strömt. Und wenn Sie merken, dass Sie abschweifen und über irgendetwas nachdenken, gehen Sie einfach zurück zu Ihrem Atem. Das machen Sie täglich etwa eine halbe Stunde lang. Wenn es Ihnen schwerfällt, reicht es für den Anfang, wenn Sie mit fünf Minuten beginnen und sich dann langsam steigern. Das ist alles.

Übung »Visualisierung und Meditation«

Stellen Sie sich zum Beispiel ein energetisches Licht vor, das sich aus dem Sonnengeflecht oder dem Herz heraus in den ganzen Körper ausdehnt – und dann wieder zurückkehrt. Sehr detailliert gehe ich in meinem Buch Selbstheilungspraxis *darauf ein, wie Sie Visualisierungen und Imaginationen richtig machen.*

Eine Meditation, bei der man der Reihe nach in alle Körperteile mehrmals ein- und ausatmet, ist ebenfalls gut geeignet.

Egal, für welche Variante Sie sich entscheiden, denken Sie immer daran, Ihren persönlichen Anker zu setzen.

Gebet und Kontemplation

Wer regelmäßig betet – und nicht nur einfach das *Vaterunser* aufsagt –, dürfte den Alpha-Zustand bereits kennen. Überhaupt ist ein religiöser oder spiritueller Rückhalt – also ein Werte- und Glaubenssystem, das uns einen Rahmen für unser Leben gibt – ein guter Weg, um mit der Erde verbunden zu bleiben.

Selbsthypnose

In der Selbsthypnose versetzen Sie sich durch Autosuggestion in einen Zustand konzentrierter Entspannung. Im Internet finden Sie detaillierte, kostenlose Anleitungen (z. B. www.neuro-programmer.de). Auch gibt es einiges an geführten Reisen auf CDs, die ähnlich wirken. Diese sind natürlich praktisch, ich persönlich bin jedoch ein Freund der hilfsmittellosen Arbeit, insofern Sie unabhängig von CD- oder MP3-Player oder Ähnlichem sind und jederzeit Ihr Programm in Ihrem Kopf ablaufen lassen können.

Übung »Ich bin«

Setzen Sie sich hin, schließen Sie die Augen, und stellen Sie sich vor, Sie schweben in einer warmen, glasklaren Badewanne. Sagen Sie sich in Gedanken: »Ich bin.« Wiederholen Sie den Satz für einige Minuten in Abständen, die Ihnen angenehm sind.

Autogenes Training

Genauso wie die Meditation ist auch Autogenes Training, das auf Selbsthypnose aufbaut, geeignet, Sie in den Alpha-Zustand zu versetzen. Durch die reine Vorstellungskraft gelangen Sie in einen Zustand der Entspannung, in dem Suggestionen besonders wirksam sind. Das Erlernen des Autogenen Trainings erfordert, wenn man nach Anleitung vorgeht, einige Ausdauer und ist für meinen Geschmack komplizierter als notwendig. Ganz normale Meditation, sprich »Hinsetzen, Augen zu und atmen«, ist einfacher und vielleicht sogar wirksamer.

Übung »Affirmation«

Setzen Sie sich mit geschlossenen Augen hin, und wiederholen Sie eingängige Sätze aus dem Autogenen Training, wie zum Beispiel:

Ich bin ganz ruhig. Die Gedanken kommen und gehen.
Gedanken ziehen vorbei. Sie sind mir gleichgültig.
Ich bin gelöst und ruhig.
Ich bin entspannt und ruhig.

Gefährliche Sportarten/Extremsportarten

Besondere Bewusstseinszustände erleben viele Menschen bei der Ausführung von Sportarten, in denen man förmlich »aufgeht«, insbesondere, wenn sie eher gefährlich oder mit hohem Tempo verbunden sind. Freeclimber kennen diese Momente, in denen sie eins mit der Wand werden und erst später bemerken, dass sie absolut gedankenlos waren. Wellenreiter in hohen Wellen, Windsurfer und Segler bei starkem Wind oder Motorsportliebhaber bei Höchstgeschwindigkeiten erleben ihre intensivsten Erfahrungen, wenn der scheinbar endlose Strom der Gedanken aufhört. Die allseits bekannten Extremsportler, die allein die höchsten Berge besteigen, den Atlantik überqueren, sich mit dem Fallschirm aus einem Flugzeug stürzen oder Bungee-Jumping lieben, suchen den Kick, der daraus besteht, in den Alpha-Zustand zu geraten, im Flow zu sein. Wenn alle Gedanken aufhören, erleben sie einen ultimativen Glückszustand, der offensichtlich süchtig machen kann.

Joggen

Jeder Jogger kennt das Gefühl, wenn man nach vielleicht 40 Minuten in einen Fluss kommt, die Gedanken verstummen und er nur noch läuft. Zuerst ist es anstrengend, dann beißt die Lunge, vielleicht kommen Seitenstiche hinzu, Fuß oder Knie melden sich – und plötzlich ist all dies vorbei. Der Körper schaltet von Zucker- auf Fettverbrennung um, und von einer Sekunde auf die andere sind Genervtheit, Schmerz und Langeweile verschwunden. Wir werden eins mit dem Laufen, unsere Füße fliegen über den Boden, sind ein Teil des Weges. Die Umgebung wird zum real gewordenen Traum. Insbesondere den bereits angesprochenen Managern kann ich diese Form der Entspannung nur empfehlen, vorausgesetzt, sie können den Ehrgeiz aus dem Spiel lassen. Denn nur allzu oft wird das Laufen zum neuen Objekt des Ehrgeizes und wandelt sich vom Weg der Entspannung und Fitness zum neuen, persönlichen Karriereziel.

Musik hören

Jeder Mensch hat eine Musik, die ihn wunderbar entspannt. Für den einen ist es die klassische Musik, der andere hört Mantren und Meditationsmusik, und wiederum andere brauchen dröhnende Techno-Musik. Musik ist ein sehr guter Helfer, vielleicht ist Musik hören sogar der einfachste Weg, in den Alpha-Zustand zu kommen. Kennen Sie die *Goldberg-Variationen* von Johann Sebastian Bach? Diese hypnotisierenden Klavierstücke haben einen ganz bestimmten Rhythmus, der uns ganz automatisch in den Alpha-Zustand bringt, unser Körper entspannt sich. Klassische Musik von Bach, Vivaldi und Händel wirkt aufgrund ihrer Struktur und ihres Rhythmus positiv auf Geist und Körper. Ein Takt von circa 60 Schlägen pro Minute, eine gleichmäßig fließende Melodie und eher wenige Akzente bei geringem Tonumfang sind dabei wesentliche Voraussetzungen. Eine Liste klassischer Musikstücke, die sich erfahrungsgemäß besonders gut zur Entspannung eignen, finden Sie auf meiner Webseite:
http://www.stadtschamane.com/unterhaltsames/musik/alpha/alpha.html

Sicherlich ist verschiedene andere Musik ebenfalls geeignet, doch diese Stücke haben sich bewährt.

Übung »Die Sinne«

Eine weitere Möglichkeit ist die Vorstellung von Sinneswahrnehmungen. Stellen Sie sich den Duft einer intensiv duftenden, herzhaften Speise, eines Gewürzes oder einer Blüte vor. Genauso können Sie mit Bildern oder Tönen arbeiten, vielen fällt das aber schwerer. Solange Sie versuchen, sich etwas vorzustellen, hat Ihre linke Gehirnhälfte keine Chance, die Vorherrschaft zu übernehmen.

Klangschalen

Klangschalen möchte ich hier gesondert erwähnen, weil sich die Arbeit mit Klangschalen bei Therapeuten mehr und mehr durchsetzt und eine Klangschalentherapie eine wunderbare Erfahrung ist. Bereits um 2.500 v. Chr. wurden in Tibet Klangschalen für religiöse Zeremonien, zur Selbstfindung, Meditation und Heilung verwendet. Wir alle haben gelernt, dass die Welt auf Schwingungen aufbaut, in ihrem Innersten schwingt jede noch so starr erscheinende Materie schneller, als wir es uns vorstellen können. Musik ist Schwingung, Farben sind nichts anderes als Schwingungen, jede Zelle unseres Körpers besteht aus schwingender Materie. Nirgendwo anders als bei der Klangschale ist diese Schwingung jedoch so unmittelbar wahrnehmbar und geht direkt auf die Zellen unseres Körpers über. Die Schwingungen der Klangschale dringen tief in Zellen, Muskel und Knochen ein und harmonisieren uns. Es kommt zu einem Gefühl der Zeitlosigkeit, wir treten ein in den Alpha-Zustand, in dem Heilung stattfinden kann.

Musizieren

Jeder, der ein Instrument spielt, kennt diese Momente, in denen er einfach nur noch spielt, in denen er Musik ist. Sollten Sie nach Noten spielen, sind das die Momente, in denen das Stück weder zu einfach noch zu schwer ist; es ist herausfordernd, aber Sie beherrschen es. Improvisieren Sie lieber, gibt es da diesen Punkt des Wechsels von mühsamer Konzentration auf die nächsten Töne hin zu einem Fallenlassen in die Klänge. Sagen Sie jetzt nicht, Sie wären unmusikalisch! Ich selbst kann ein wenig Klavier spielen, habe aber immer nur nach Noten gelernt. Improvisation war mir ein Gräuel – der Verstand wollte wohl die Kontrolle über die vorgegebenen Noten behalten. Dennoch habe ich mit Mitte 40 plötzlich erkannt, dass es auch ohne Noten geht, indem man einfach losklimpert. Oder flötet. Oder trommelt. Nur Mut!

Gerade in der Musik finden wir sogar Momente eines kollektiven Alpha-Zustands, wenn zum Beispiel ein ganzes Symphonieorchester magisch miteinander verbunden zu sein scheint. Ja, wenn die Musik fließt, wird auch das Publikum eins mit dem Orchester und der Musik, ein fantastisches, einzigartiges Erlebnis.

Trommeln

Haben Sie schon einmal eine schamanische Reise zum schnellen, gleichmäßigen Klang der Schamanentrommel gemacht? Ganz schnell geraten Sie in eine Trance, in der Sie unmittelbaren Zugang zu Ihrem Unbewussten finden, das Ihnen in Form von Bildern, Botschaften oder auch Lebewesen begegnet, mit denen Sie auf dieser Ebene kommunizieren können. Der Rhythmus der Trommel trägt seit Tausenden von Jahren die Seelen der Heiler auf den Weg in Unter- und Oberwelt.

Rhythmische Schläge auf Baumstämme waren sicherlich der Anfang aller Musik. Besonders der einfache 4/4-Takt erinnert auch an das Medizinrad mit seinen vier Richtungen, die u. a. stellvertretend für die vier Jahreszeiten und den Verlauf des sich immer wiederholenden Jahres stehen. In der Natur finden wir neben dem Rhythmus der Jahreszeiten, des Lebens, des Tages viele kleine und große, schnelle und langsame Rhythmen. Denken Sie nur an das Prasseln der Regentropfen auf Wellblech, an das Gezwitscher der Vögel, an die hin und her wiegende Weide an den Ackerrändern des Niederrheins. Sehen Sie das galoppierende Pferd auf der Wiese, hören Sie das Plätschern des Baches?

Rhythmus ist meist untrennbar mit Bewegung verbunden, was uns direkt zum nächsten Punkt führt, dem Tanz.

Tanz

Rhythmus und Musik regen uns zum Tanzen an – nun gut, manche Männer tun sich etwas schwerer damit. Tanz entstand wohl ursprünglich als Bewegung zu Rhythmen, die für religiöse Zeremonien benutzt wurden. Seit Urzeiten bewegen sich die Menschen zu Musik. Verbinden wir Musik und Bewegung, so öffnen wir uns gleich auf mehreren Ebenen dem natürlichen Fluss. Entsprechend heilsam für Körper, Geist und Seele kann Tanzen sein. Tanzen ist eine der ältesten Möglichkeiten, sich einmal einfach fallen zu lassen und Alpha zu erfahren.

Singen

Gibt es ein schöneres Instrument als die menschliche Stimme? Sowohl der Klang einer fremden Stimme als auch unser eigener Gesang können uns in einen anderen Bewusstseinszustand bringen. Viele Menschen sind es heute nicht mehr gewohnt, zu singen. War es früher normal, jeden Sonntag in der Kirche gemeinsam die vorgegebenen Lieder zu singen, ist uns dies nun eher fremd. In den verschiedenen Religionen wurden schon immer Musik und Gesang dazu genutzt, den Gläubigen einen Zugang zu Höherem zu eröffnen. Gemeinsames Chanten und Singen bringen uns in einen Zustand der Entspannung und in Kontakt mit unserer Seele. Hinter dem Singen von Mantren in Hinduismus und Buddhismus steht eine uralte Tradition der Spiritualität und Heilung.

Essen

Ein sicheres Zeichen dafür, dass mir etwas wirklich gut schmeckt, ist es, wenn ich nach dem Essen plötzlich bemerke, dass ich minutenlang »weg«, also gedankenlos, war. Konzentriert auf das Essen und völlig ohne jeden Gedanken starre ich dann auf den Teller bzw. durch ihn hindurch und genieße einfach. Nahrungsaufnahme spielte von jeher eine existenzielle Rolle im Leben der Menschen. Nahrung war Leben. Hatten die Menschen genug zu essen, waren sie ihre größte Sorge schon einmal los. Sie konnten sich entspannen und genießen. Offensichtlich ist dieser Mechanismus auch im modernen Menschen noch aktiv. Ein Essen einfach zu genießen, zu schmecken und zu kauen, kann meditativ sein. Kein Fernseher, keine Zeitung, kein Telefon sollte dabei stören. Ja, nicht einmal ein Gespräch ist notwendig. Don Ramon, ein 92 Jahre alter Schamane aus den Bergen Perus, sagte einmal zu mir: »First eat, then talk!« – erst essen, dann sprechen.

Fasten

Die Schamanen Südamerikas machen mehrere Jahre lange Diäten, bei denen sie kaum etwas essen und für einige Wochen sogar nur einen Pflanzensaft oder -brei zu sich nehmen. Dabei erfahren sie die Lehre des jeweiligen Pflanzengeistes, haben verschiedene Visionen und erleben neue Bewusstseinszustände. Auch bei uns gibt es das Heilfasten, das ursprünglich nicht religiös motiviert war und dennoch einen spirituellen Weg unterstützen kann. Wenn Sie es einmal (sinnvollerweise unter ärztlicher Begleitung) probieren möchten, werden Sie erfahren, dass sich nach den beiden Vorbereitungstagen, der Darmentleerung und dem ersten Hungern ein Gefühl der Euphorie einstellt. Sie werden sich leichter und aufmerksamer fühlen. Aber es sollte nicht verschwiegen werden, dass diese Art des radikalen Fastens auch seitens der Ärzte kritisiert wird. Auch zu diesem Thema gibt es zahlreiche Bücher.

Alkohol

Der griechische Gott Dionysos verhalf den Menschen zu berauschenden und ekstatischen Erfahrungen mithilfe von Wein und Erotik. Entsprechend beliebt war er bei den Griechen. Auch die Römer kannten einen solchen Gott: Bacchus. Zahlreiche Menschen nutzen heute Alkohol als Mittel der Entspannung. Der Stresspegel des beruflichen Alltags lässt sich für sie nur noch durch das Glas Wein oder Bier nach Feierabend senken. Und dabei bleibt es oft nicht. Dass dies nicht zielführend ist, lässt sich unschwer erkennen. Auf alle anderen Wege der drogeninduzierten Entspannung möchte ich entsprechend hier gar nicht erst eingehen. Wir erkaufen uns Entspannung zum Preis der Abhängigkeit und eventueller Spätfolgen. Ersetzen Sie Alkohol durch Meditation. Meditation ist ein hervorragender Ersatz für jede Art von Suchtverhalten.

Sex

Sex ist die wohl ursprünglichste Erfahrung des Loslassens. Wir werden eins mit dem Partner und vergessen alles um uns herum. Beim indischen Tantra steht das Ziel der Harmonisierung der männlichen und weiblichen Energie in uns an erster Stelle. Sie sehen, schon immer suchte man Wege, die linke und die rechte Gehirnhälfte zu synchronisieren.

Spielen

Bei vielen Spielen – wie z. B. beim Schach – geraten Sie in den Flow und nehmen zeitweise Ihre Umgebung kaum noch wahr. Die Kehrseite ist, dass auch viele erfolgreiche Computerspiele ihr süchtig machendes Potenzial darauf aufbauen, dass sie genau den richtigen Schwierigkeitsgrad haben, um dem Spieler ein Flow-Erlebnis zu verschaffen.

Arbeit

Ja, auch Ihre ganz normale Arbeit kann Sie in den Alpha-Zustand führen. Wer überhaupt nicht gerne arbeitet, wird das natürlich kaum erleben, sicherlich haben auch Sie schon einmal Phasen erlebt, in denen Sie eine bestimmte Arbeit völlig in sich selbst versunken verrichteten. Das kann Brötchen backen, Excel-Tabellen erstellen, ein Buch-layout entwerfen, monotone Fließbandarbeit, Nähen oder auch etwas ganz anderes sein. Die Art der Arbeit ist nicht maßgeblich, Ihre Art des Umgangs damit ist entscheidend. Auch die langweiligsten Arten von Arbeit kann man lernen, mit Achtsamkeit und Liebe zu füllen.

CDs

Es gibt zahlreiche CDs mit Fantasiereisen, Meditationen, Übungen zu Selbsthypnose, zu Entspannung, zu Autogenem Training und mehr, die alle ebenfalls das Ziel bzw. die Nebenwirkung haben, die Gehirnwellenfrequenz zu senken und so in den Alpha-Zustand zu versetzen. Hören Sie einfach einmal verschiedene CDs an, und entscheiden Sie selbst, was Ihnen zusagt.

Hemi-Sync® und andere

Stellvertretend für alle technisch orientierten Methoden sei hier die von Robert Monroe erfundene Hemisphären-Synchronisation, kurz Hemi-Sync® genannt, erwähnt. Durch einen speziellen Apparat sollen dabei die Gehirnhälften synchronisiert werden. Bei diesem Verfahren hören wir auf beiden Ohren leicht unterschiedliche Frequenzen, z. B. links 160 Hz und rechts 165 Hz, und unser Gehirn macht daraus nicht hörbare 5 Hz-Schwingungen.

In der Huna-Philosophie heißt es: »Alles hat die Macht, die wir ihm geben.« Jeder kann Alpha – und noch viel mehr – allein und ohne Hilfsmittel erreichen. Wer hingegen meint, dass er dazu bestimmte Geräte benötigt, sollte sie ausprobieren. Ich muss gestehen, dass ich diese Geräte nie selbst getestet habe. Die CDs sind relativ teuer, aber im Internet zum Beispiel auf http://www.pcwelt.de/downloads/Brain-Wave-Generator-555175.html. gibt es Brain-Wave-Generatoren mit ausführlichen Erklärungen, die kostenlos heruntergeladen werden können.

Badewanne, Sauna, Massage und Spa

Viele Wellness-Angebote basieren auf Entspannung, die nun mal Voraussetzung für das Erreichen des Alpha-Zustandes ist. Schon Archimedes hatte in der Badewanne die besten Ideen. Wer einmal eine hawaiianische Lomi-Lomi-Massage erlebt hat, weiß, wie fabelhaft diese sein kann. Sollten Sie gerne in die Sauna gehen, werden Sie auch dort hervorragend entspannen können. Bei alldem gilt: Nehmen Sie sich Zeit dafür. Planen Sie mehr Zeit ein, als Sie benötigen. Zeitdruck ist der Todfeind jeder Entspannung. Wer in der Badewanne liegend bereits an die anstehenden Aufgaben denken muss, wird keine Phase der Entspannung oder Inspiration erleben.

Tai-Chi, Qigong

Einige fernöstliche Kampfsportarten, wie zum Beispiel Tai-Chi (Tàijíquán), Aikido, Karate oder Qigong, haben heute einen stark meditativen Charakter. Sie bestehen aus Atem-, Meditations-, Konzentrations- und Bewegungsübungen, mit denen Körper und Geist trainiert werden. Sie harmonisieren Ihre innere Energie, das Qi bzw. Chi. Ausgewogenheit und innere Ruhe sind das Ziel. Der Kampfaspekt spielt mittlerweile kaum noch eine Rolle.

Viel Erfolg!

Wie Sie sehen, führen viele Wege nach Rom, und keiner davon ist besser als der andere. Es liegt an Ihnen, wie Sie agieren und reagieren.

Ich wünsche Ihnen, dass Sie zukünftig mehr dieser seltenen Momente erleben, in denen Sie der Fluss des Lebens zu tragen scheint. Angeleitet von einer unbekannten Schöpferkraft, werden Sie ganz neue Einsichten gewinnen und Erfahrungen machen, die Sie vielleicht bisher für unmöglich gehalten haben.

Nehmen Sie sich für diesen Weg die Zeit, die Sie benötigen. Gehen Sie ihn in Ihrem eigenen Tempo. Tun Sie das, was Sie tun, für sich selbst. Wenn Sie malen, malen Sie für sich selbst. Malen Sie um des Gefühls des Malens willen, nicht wegen des Resultats. Sie werden feststellen, dass Ihre Bilder besser und besser werden, je mehr Sie im natürlichen Fluss sind und Ihre Kreativität einfach ausleben. Wenn Sie kein Maler sind, ist möglicherweise Musik oder Schreiben Ihr Thema. Oder Sie gehen in der Gartenarbeit auf. Andere werden lieber laufen, mit ihren Kindern spielen oder auch einfach an ihrem Arbeitsplatz die neu gewonnene Kreativität einbringen.

Haben Sie erkannt, dass es weniger auf eine bestimmte Technik als auf deren regelmäßige Anwendung ankommt? Es gibt viele Wege, gezielt den Alpha-Zustand zu erreichen, man muss sie nur gehen. Niemand ist in Santiago de Compostela angekommen, indem er mit dem Finger auf die Landkarte getippt hat – den Jakobsweg muss man selbst erlaufen. Ähnlich ist es mit Alpha.

Wie bei allen spirituellen Dingen ist es auch hier so: Nur das Machen und die eigene Erfahrung helfen. Also bitte: Machen Sie! Vergessen Sie nicht: Wenn Sie einmal einen Blick auf das Licht erhaschen konnten, ist es damit noch nicht getan. Ohne weitere Übung und Disziplin werden Sie wieder zurück in die Dunkelheit fallen.

Erlauben Sie mir eine kleine Anmerkung. Die moderne Glücksforschung hat bestätigt, was die alten Mystiker schon immer wussten: Unser Glück hängt von unseren Beziehungen und sozialen Kontakten ab. Das Beste, was Sie neben regelmäßigen Phasen der Besinnung für sich tun können, ist, ein stabiles Netzwerk an Freunden aufzubauen und auch die eigene Familie zusammenzuhalten. Kümmern Sie sich um sich selbst, aber auch um Ihre Freunde. Pflegen Sie Ihre Freundschaften, kümmern Sie sich um Ihre Familie.

Übrigens: Bei der Recherche zu diesem Buch habe ich auch einen Artikel gefunden, der sich kritisch mit der allgemeinen Berieselung und Vermarktung esoterischer Praktiken in Bädern und Saunalandschaften beschäftigt. Dort wird vor der allgemeinen Durchdringung unserer Umgebung durch den »Psychomarkt« gewarnt. Alpha wird als gefährlicher Zustand bezeichnet, in dem wir unbewusst beeinflussbar sind, der abhängig macht und – sollten wir einmal nicht rechtzeitig herauskommen – auf der Heimfahrt zum Autounfall führt.[4] Ich hoffe, Sie schmunzeln jetzt auch!

Sollten Sie ein Naturtalent sein, ist hier noch eine letzte Übung, die einfachste von allen: Lächeln Sie! Lächeln Sie mit dem Herzen!

[4] Vgl. hierzu: http://www.umweltjournal.de/AfA_gesundheit/15206.php

Oliver Driver verrät Ihnen, wie Sie mithilfe des Medizinrades Ihre wahre Vision finden und leben können. Das Wissen um die Arbeit mit den vier Himmelsrichtungen, den zwölf Monden und den anderen magischen Symbolen, die den Kreislauf der Erde und des Lebens symbolisieren, war nahezu verloren gegangen, bis moderne Schamanen es wiederentdeckten. Sie aktualisierten es und passten es an die heutige Zeit an, sodass Sie nun ein kraftvolles und wunderbares Instrument zur Verfügung haben, das Ihnen zeigt, wo Sie gerade in Ihrem Leben stehen und was Sie verändern können.

Das Spiel mit den Urprinzipien, den Archetypen, wird Ihr Herz für neue Erfahrungen öffnen. Insbesondere, wenn Sie Lust auf intuitives Erleben haben, wird dieses Buch Ihnen unbekannte Facetten Ihres eigenen Selbst aufzeigen. Pflanzengeister, magische Tiere und heilende Mineralien helfen Ihnen dabei, Ihren eigenen Weg zu gehen. Totemmeditationen, schamanische Aufstellungen und Reisen verbinden sich im Medizinrad zu einem machtvollen Erlebnis. So entstehen Heilung und Kraft.

In vier Monaten mithilfe von 89 Übungen zur Selbstheilung – selten gab es ein so klar strukturiertes Buch über die Anwendung schamanischer Weisheiten, mit deren Unterstützung Sie auch ohne Vorkenntnisse wieder ganz heil werden können.

Von einfachen Atem- und Visualisierungsübungen bis hin zu den schamanischen Reisen in die Unter- und Oberwelt beinhaltet dieser Kurs eine Vielzahl von Übungen und Erklärungen, die Sie auf dem Weg zu Erkenntnis und Heilung leiten. Ein detaillierter Übungskalender hilft Ihnen dabei, sich spielerisch mit dem geheimen Wissen der Schamanen auseinanderzusetzen. Sie lernen, Ihr Leben zu erträumen, Ihre Träume zu realisieren sowie Vergangenheit und Zukunft zu verändern.